心一堂術數古籍珍本叢刊

書名：蔣大鴻家傳歸厚錄汪氏圖解
系列：心一堂術數古籍珍本叢刊　堪輿類　蔣徒張仲馨三元真傳系列
　　　第二輯　176
作者：【清】蔣大鴻原著、【清】汪云吾圖解
主編、責任編輯：陳劍聰
心一堂術數古籍珍本叢刊編校小組：陳劍聰　素聞　梁松盛　鄒偉才　虛白盧主

出版：心一堂有限公司
地址/門市：香港九龍旺角西洋菜南街五號好望角大廈一○○三室
電話號碼：+852-6715-0840　+852-6633-7949
網址：sunyata.cc
電郵：sunyatabook@gmail.com
網上書店：http://book.sunyata.cc
網上論壇：http://bbs.sunyata.cc/

版次：二零一六年十二月初版
平裝

國際書號：ISBN 978-988-8317-44-8
定價：港幣　　　　三百八十元正
　　　人民幣　　　三百八十元正
　　　新台幣　　　一千五百八十元正

香港及海外發行：香港聯合書刊物流有限公司
地址：香港新界大埔汀麗路三十六號中華商務印刷大廈三樓
電話號碼：+852-2150-2100
傳真號碼：+852-2407-3062
電郵：info@suplogistics.com.hk

台灣發行：秀威資訊科技股份有限公司
地址：台灣台北市內湖區瑞光路七十六巷六十五號一樓
電話號碼：+886-2-2796-3638
傳真號碼：+886-2-2796-1377
網絡書店：www.bodbooks.com.tw
台灣讀者服務中心：國家書店
地址：台灣台北市中山區松江路二○九號一樓
電話號碼：+886-2-2518-0207
傳真號碼：+886-2-2518-0778
網絡書店：http://www.govbooks.com.tw/

中國大陸發行 · 零售：心一堂書店
深圳地址：中國深圳羅湖立新路六號東門博雅負一層零零八號
電話號碼：+86-755-8222-4934
北京地址：中國北京東城區雍和宮大街四十號
心一店淘寶網：http://sunyatacc.taobao.com

心一堂術數古籍 珍本 整理 叢刊 總序

術數定義

術數，大概可謂以「推算（推演）、預測人（個人、群體、國家等）、事、物、自然現象、時間、空間方位等規律及氣數，並或通過種種『方術』，從而達致趨吉避凶或某種特定目的」之知識體系和方法。

術數類別

我國術數的內容類別，歷代不盡相同，例如《漢書・藝文志》中載，漢代術數有六類：天文、曆譜、五行、蓍龜、雜占、形法。至清代《四庫全書》，術數類則有：數學、占候、相宅相墓、占卜、命書、相書、陰陽五行、雜技術等，其他如《後漢書・方術部》、《藝文類聚・方術部》、《太平御覽・方術部》等，對於術數的分類，皆有差異。古代多把天文、曆譜、及部分數學均歸入術數類，而民間流行亦視傳統醫學作為術數的一環；此外，有些術數與宗教中的方術亦往往難以分開。現代民間則常將各種術數歸納為五大類別：命、卜、相、醫、山，通稱「五術」。

本叢刊在《四庫全書》的分類基礎上，將術數分為九大類別：占筮、星命、相術、堪輿、選擇、三式、讖諱、理數（陰陽五行）、雜術（其他）。而未收天文、曆譜、算術、宗教方術、醫學。

術數思想與發展——從術到學，乃至合道

我國術數是由上古的占星、卜筮、形法等術發展下來的。其中卜筮之術，是歷經夏商周三代而通過「龜卜、蓍筮」得出卜（筮）辭的一種預測（吉凶成敗）術，之後歸納並結集成書，此即現傳之《易

經》。經過春秋戰國至秦漢之際，受到當時諸子百家的影響、儒家的推崇，遂有《易傳》等的出現，原本是卜筮術書的《易經》，被提升及解讀成有包涵「天地之道（理）」之學。因此，《易·繫辭傳》曰：「易與天地準，故能彌綸天地之道。」

漢代以後，易學中的陰陽學說，與五行、九宮、干支、氣運、災變、律曆、卦氣、讖緯、天人感應說等相結合，形成易學中象數系統。而其他原與《易經》本來沒有關係的術數，如占星、形法、選擇，亦漸漸以易理（象數學說）為依歸。《四庫全書·易類小序》云：「術數之興，多在秦漢以後。要其旨，不出乎陰陽五行，生尅制化。實皆《易》之支派，傳以雜說耳。」至此，術數可謂已由「術」發展成「學」。

及至宋代，術數理論與理學中的河圖洛書、太極圖、邵雍先天之學及皇極經世等學說給合，通過術數以演繹理學中「天地中有一太極，萬物中各有一太極」（《朱子語類》）的思想。術數理論不單已發展至十分成熟，而且也從其學理中衍生一些新的方法或理論，如《梅花易數》、《河洛理數》等。

在傳統上，術數功能往往不止於僅作為趨吉避凶的方術，及「能彌綸天地之道」的學問，亦有其「修心養性」的功能，「與道合一」（修道）的內涵。《素問·上古天真論》：「上古之人，其知道者，法於陰陽，和於術數。」數之意義，不單是外在的算數、歷數、氣數，而是與理學中同等的「道」、「理」--心性的功能，北宋理氣家邵雍對此多有發揮：「聖人之心，是亦數也」、「萬化萬事生乎心」、「心為太極」。《觀物外篇》：「先天之學，心法也。……蓋天地萬物之理，盡在其中矣，心一而不分，則能應萬物。」反過來說，宋代的術數理論，受到當時理學、佛道及宋易影響，認為心性本質上是等同天地之太極。天地萬物氣數規律，能通過內觀自心而有所感知，即是內心也已具備有術數的推演及預測、感知能力；相傳是邵雍所創之《梅花易數》，便是在這樣的背景下誕生。

《易·文言傳》已有「積善之家，必有餘慶；積不善之家，必有餘殃」之說，至漢代流行的災變說及讖緯說，我國數千年來都認為天災，異常天象（自然現象），皆與一國或一地的施政者失德有關；下

至家族、個人之盛衰，也都與一族一人之德行修養有關。因此，我國術數中除了吉凶盛衰理數之外，人心的德行修養，也是趨吉避凶的一個關鍵因素。

術數與宗教、修道

在這種思想之下，我國術數不單只是附屬於巫術或宗教行為的方術，又往往是一種宗教的修煉手段-通過術數，以知陰陽，乃至合陰陽（道）。「其知道者，法於陰陽，和於術數。」例如，「奇門遁甲」術中，即分為「術奇門」與「法奇門」兩大類。「法奇門」中有大量道教中符籙、手印、存想、內煉的內容，是道教內丹外法的一種重要外法修煉體系。甚至在雷法一系的修煉上，亦大量應用了術數內容。此外，相術、堪輿術中也有修煉望氣（氣的形狀、顏色）的方法；堪輿家除了選擇陰陽宅之吉凶外，也有道教中選擇適合修道環境（法、財、侶、地中的地）的方法，以至通過堪輿術觀察天地山川陰陽之氣，亦成為領悟陰陽金丹大道的一途。

易學體系以外的術數與的少數民族的術數

我國術數中，也有不用或不全用易理作為其理論依據的，如揚雄的《太玄》、司馬光的《潛虛》。

也有一些占卜法、雜術不屬於《易經》系統，不過對後世影響較少而已。

外來宗教及少數民族中也有不少雖受漢文化影響（如陰陽、五行、二十八宿等學說。）但仍自成系統的術數，如古代的西夏、突厥、吐魯番等占卜及星占術，藏族中有多種藏傳佛教占卜術、苯教占卜術；北方少數民族有薩滿教占卜術；不少少數民族如水族、白族、布朗族、佤族、彝族、苗族等，皆有占雞（卦）草卜、雞蛋卜等術，納西族的占星術、占卜術，彝族畢摩的推命術、占卜術……等等，都是屬於《易經》體系以外的術數。相對上，外國傳入的術數以及其理論，對我國術數影響更大。

曆法、推步術與外來術數的影響

我國的術數與曆法的關係非常緊密。早期的術數中，很多是利用星宿或星宿組合的位置（如某星在某州或某宮某度）付予某種吉凶意義，并據之以推演，例如歲星（木星）、月將（某月太陽所躔之宮次）等。不過，由於不同的古代曆法推步的誤差及歲差的問題，若干年後，其術數所用之星辰的位置，已與真實星辰的位置不一樣了；此如歲星（木星），早期的曆法及術數以十二年為一周期（以應地支），與木星真實周期十一點八六年，每幾十年便錯一宮。後來術家又設一「太歲」的假想星體來解決，是歲星運行的相反，週期亦剛好是十二年。而術數中的神煞，很多即是根據太歲的位置而定。又如六壬術中的「月將」，原是立春節氣後太陽躔娵訾之次而稱作「登明亥將」，至宋代，因歲差的關係，要到雨水節氣後太陽才躔娵訾之次，當時沈括提出了修正，但明清時六壬術中「月將」仍然沿用宋代沈括修正的起法沒有再修正。

由於以真實星象周期的推步術是非常繁複，而且古代星象推步術本身亦有不少誤差，大多數術數除依曆書保留了太陽（節氣）、太陰（月相）的簡單宮次計算外，漸漸形成根據干支、日月等的各自起例，以起出其他具有不同含義的眾多假想星象及神煞系統。唐宋以後，我國絕大部分術數都主要沿用這一系統，也出現了不少完全脫離真實星象的術數，如《子平術》、《紫微斗數》、《鐵版神數》等。後來就連一些利用真實星辰位置的術數，如《七政四餘術》及選擇法中的《天星選擇》，也已與假想星象及神煞混合而使用了。

隨着古代外國曆（推步）、術數的傳入，如唐代傳入的印度曆法及術數，元代傳入的回回曆等，其中我國占星術便吸收了印度占星術中羅睺星、計都星等而形成四餘星，又通過阿拉伯占星術而吸收了其中來自希臘、巴比倫占星術的黃道十二宮、四大（四元素）學說（地、水、火、風），並與我國傳統的二十八宿、五行說、神煞系統並存而形成《七政四餘術》。此外，一些術數中的北斗星名，不用我國傳統的星名：天樞、天璇、天璣、天權、玉衡、開陽、搖光，而是使用來自印度梵文所譯的：貪狼、巨

門、祿存、文曲、廉貞、武曲、破軍等，此明顯是受到唐代從印度傳入的曆法及占星術所影響。如星命術中的《紫微斗數》及堪輿術中的《撼龍經》等文獻中，其星皆用印度譯名。及至清初《時憲曆》，置閏之法則改用西法「定氣」。清代以後的術數，又作過不少的調整。

此外，我國相術中的面相術、手相術，唐宋之際受印度相術影響頗大，至民國初年，又通過翻譯歐西、日本的相術書籍而大量吸收歐西相術的內容，形成了現代我國坊間流行的新式相術。

陰陽學──術數在古代、官方管理及外國的影響

術數在古代社會中一直扮演着一個非常重要的角色，影響層面不單只是某一階層、某一職業、某一年齡的人，而是上自帝王，下至普通百姓，從出生到死亡，不論是生活上的小事如洗髮、出行等，大事如建房、入伙、出兵等，從個人、家族以至國家，從天文、氣象、地理到人事、軍事，從民俗、學術到宗教，都離不開術數的應用。我國最晚在唐代開始，已把以上術數之學，稱作陰陽（學），行術數者稱陰陽人。（敦煌文書、斯四三二七唐《師師漫語話》：「以下說陰陽人謾語話」，此說法後來傳入日本，今日本人稱行術數者為「陰陽師」）。一直到了清末，欽天監中負責陰陽術數的官員中，以及民間術數之士，仍名陰陽生。

古代政府的中欽天監（司天監），除了負責天文、曆法、輿地之外，亦精通其他如星占、選擇、堪輿等術數，除在皇室人員及朝庭中應用外，也定期頒行日書、修定術數，使民間對於天文、日曆用事吉凶及使用其他術數時，有所依從。

我國古代政府對官方及民間陰陽學及陰陽官員，從其內容、人員的選拔、培訓、認證、考核、律法監管等，都有制度。至明清兩代，其制度更為完善、嚴格。

宋代官學之中，課程中已有陰陽學及其考試的內容。（宋徽宗崇寧三年〔一一零四年〕崇寧算學令：「諸學生習……並曆算、三式、天文書。」「諸試……三式即射覆及預占三日陰陽風雨。天文即預

定一月或一季分野災祥，並以依經備草合問為通。」

金代司天臺，從民間「草澤人」（即民間習術數人士）考試選拔：「其試之制，以《宣明曆》試推步，及《婚書》、《地理新書》試合婚、安葬，並《易》筮法、六壬課、三命、五星之術。」（《金史》卷五十一・志第三十二・選舉一）

元代為進一步加強官方陰陽學對民間的影響、管理、控制及培育，除沿襲宋代、金代在司天監掌管陰陽學及中央的官學陰陽學課程之外，更在地方上增設陰陽學課程（《元史・選舉志一》：「世祖至元二十八年夏六月始置諸路陰陽學。」）地方上也設陰陽學教授員，培育及管轄地方陰陽人。（《元史・選舉志一》：「（元仁宗）延祐初，令陰陽人依儒醫例，於路、府、州設教授員，凡陰陽人皆管轄之，而上屬於太史焉。」）自此，民間的陰陽術士（陰陽人），被納入官方的管轄之下。

至明清兩代，陰陽學制度更為完善。中央欽天監掌管陰陽學，明代地方縣設陰陽學正術，各州設陰陽學典術，各縣設陰陽學訓術。陰陽人從地方陰陽學肄業或被選拔出來後，再送到欽天監考試。（《大明會典》卷二二三：「凡天下府州縣舉到陰陽人堪任正術等官者，俱從吏部送（欽天監），考中，送回選用；不中者發回原籍為民，原保官吏治罪。」）清代大致沿用明制，凡陰陽術數之流，悉歸中央欽天監及地方陰陽官員管理、培訓、認證。至今尚有「紹興府陰陽印」、「東光縣陰陽學記」等明代銅印，及某某縣某某之清代陰陽執照等傳世。

清代欽天監漏刻科對官員要求甚為嚴格。《大清會典》「國子監」規定：「凡算學之教，設肄業生。滿洲十有二人，蒙古、漢軍各六人，於各旗官學內考取。漢十有二人，於舉人、貢監生童內考取。附學生二十四人，由欽天監選送。教以天文演算法諸書，五年學業有成，舉人引見以欽天監博士用，貢監生以天文生補用。」學生在官學肄業、貢監生肄業或考得舉人後，經過了五年對天文、算法、陰陽學的學習，其中精通陰陽術數者，會送往漏刻科。而在欽天監供職的官員，《大清會典則例》「欽天監」規定：「本監官生三年考核一次，術業精通者，保題升用。不及者，停其升轉，再加學習。如能

勉供職，即予開復。仍不及者，降職一等，再令學習三年，能習熟者，准予開復，仍不能者，黜退。」

除定期考核以定其升降降職外，《大清律例》中對陰陽術士不準確的推斷（妄言禍福）是要治罪的。

《大清律例·一七八·術七·妄言禍福》：「凡陰陽術士，不許於大小文武官員之家妄言禍福，違者杖一百。其依經推算星命卜課，不在禁限。」大小文武官員延請的陰陽術士，自然是以欽天監漏刻科官員或地方陰陽官員為主。

官方陰陽學制度也影響鄰國如朝鮮、日本、越南等地，一直到了民國時期，鄰國仍然沿用着我國的多種術數。而我國的漢族術數，在古代甚至影響遍及西夏、突厥、吐蕃、阿拉伯、印度、東南亞諸國。

術數研究

術數在我國古代社會雖然影響深遠，「是傳統中國理念中的一門科學，從傳統的陰陽、五行、九宮、八卦、河圖、洛書等觀念作大自然的研究。……傳統中國的天文學、數學、煉丹術等，要到上世紀中葉始受世界學者肯定。可是，術數還未受到應得的注意。術數在傳統中國科技史、思想史，文化史，社會史，甚至軍事史都有一定的影響。……更進一步了解術數，我們將更能了解中國歷史的全貌。」（何丙郁《術數、天文與醫學中國科技史的新視野》，香港城市大學中國文化中心。）

可是術數至今一直不受正統學界所重視，加上術家藏秘自珍，又揚言天機不可洩漏，「（術數）乃吾國科學與哲學融貫而成一種學說，數千年來傳衍嬗變，或隱或現，全賴一二有心人為之繼續維繫，賴以不絕，其中確有學術上研究之價值，非徒癡人說夢，荒誕不經之謂也。其所以至今不能在科學中成立一種地位者，實有數因。蓋古代士大夫階級目醫卜星相為九流之學，多恥道之；而發明諸大師又故為恍迷離之辭，以待後人探索；間有一二賢者有所發明，亦秘莫如深，既恐洩天地之秘，復恐譏為旁門左道，始終不肯公開研究，成立一有系統說明之書籍，貽之後世。故居今日而欲研究此種學術，實一極困難之事。」（民國徐樂吾《子平真詮評註》，方重審序）

現存的術數古籍，除極少數是唐、宋、元的版本外，絕大多數是明、清兩代的版本。其內容也主要是明、清兩代流行的術數，唐宋或以前的術數及其書籍，大部分均已失傳，只能從史料記載、出土文獻、敦煌遺書中稍窺一鱗半爪。

術數版本

坊間術數古籍版本，大多是晚清書坊之翻刻本及民國書賈之重排本，其中豕亥魚魯，或任意增刪，往往文意全非，以至不能卒讀。現今不論是術數愛好者，還是民俗、史學、社會、文化、版本等學術研究者，要想得一常見術數書籍的善本、原版，已經非常困難，更遑論如稿本、鈔本、孤本等珍稀版本。在文獻不足及缺乏善本的情況下，要想對術數的源流、理法、及其影響，作全面深入的研究，幾不可能。

有見及此，本叢刊編校小組經多年努力及多方協助，在海內外搜羅了二十世紀六十年代以前漢文為主的術數類善本、珍本、鈔本、孤本、稿本、批校本等數百種，精選出其中最佳版本，分別輯入兩個系列：

一、心一堂術數古籍珍本叢刊
二、心一堂術數古籍整理叢刊

前者以最新數碼（數位）技術清理、修復珍本原本的版面，更正明顯的錯訛，部分善本更以原色彩色精印，務求更勝原本。并以每百多種珍本、一百二十冊為一輯，分輯出版，以饗讀者。

後者延請、稿約有關專家、學者，以善本、珍本等作底本，參以其他版本，古籍進行審定、校勘、注釋，務求打造一最善版本，方便現代人閱讀、理解、研究等之用。

限於編校小組的水平，版本選擇及考證、文字修正、提要內容等方面，恐有疏漏及舛誤之處，懇請方家不吝指正。

心一堂術數古籍 珍本 叢刊編校小組

心一堂術數古籍 珍本 整理 叢刊編校小組

二零零九年七月序
二零一四年九月第三次修訂

奏授歸厚錄表文

臣蔣玄珂　誠惶誠恐稽首頓首上言

伏以

出洛浮河綠字啟先天之秘〇

分星布野金函括大地之靈上以肇國開基下以康民阜俗〇

作者為聖〇述者為明代不數人〇

天無私予自公劉徙居香宇左相洛澨定都既心知其義而測

以土圭〇猶口秘其文而歸之卜筮知〇

造化不容輕洩故上哲慎而無言〇暨黃石遇於當年而青囊傳

黎照堂傳

一

乎人世郭景純得之授受之正楊筠松獲之兵火之餘從

此〇

天府鴻藏流散六字英才間作傳習百家然微顯雜陳真偽

錯出〇得書未必得義傳訣未必傳神至於我明其法彌隱〇

劉基探之玉笈獨有真書〇

太祖收之石渠遂非世寶於是人滸瞽說家述偽詔二百餘

年朝野多黟符之理數萬麻中祀生徒開賊亂之文章珂

痛聖學之不明致生民之日蹙童年祖訓耳目堪輿之訓〇

弱冠母亡胼胝山川之險更數師而不得其旨歷萬疑而

愈夬其宗。

帝鑒其誠。

神開其覺遇

真師於方外授正義於掌中。加以。數載研廬之。功。始有一。端。

靜照之識自知小器濫受

洪慈。心戰戰而靡寧意皇皇而罔怠。未敢洩之於世。蒙其

顯誅況敢告之於家狗其私願。但念臣珂祖宗數世慎保良

心宗族一門咸非巨惡痛遭出亡之禍遂絕報本之途使

朋友皆獲吉抖而父兄反歸凶孃雖云

天數實重 珂辛再從叔翼明者孝友無斁寬平不廢來叩形家

之矩矱以為葬父之津梁 珂乃著授一書厥名歸厚將以

秘之家廟詔告後人非種不傳惟賢是予 珂以

師門禁戒恐犯

刑威敢望

天閽而陳情伏冀

帝慈之賜赦

神靈翼衛石函永作家珍哲胤闡揚玉鏡常懸

聖諭世世得挺孝凝忠之地業業產濟民利物之人庶幾不負

鴻恩。無傷愚悃苟或後世違臣明誓褻玩靈文。仰惟

神威褫其精魄聿昭

憲令勿貸聰明。臣珂無任虔切屏營之至。

再授歸厚錄表

臣叩荷

天恩開其蒙覺幸獲

師傳心悟微知

天地真機日以上報

祖宗下濟生民為念向曾自著一書名曰歸厚授之從叔翼

明者欲其坐福宗黨今察得同宗弟雯昌者於分較親於

才較敏留心玄學頗有道根臣喜同志之有人堪荷真風

之重寄輒敢奏聞

家祕本

天聽。轉授前書嚴以盟戒之條。晰以淵微之理。俾蔓蒭廣宣此

義。緯地承天。近自宗親遠推氣類篤與賢哲。以挽世靡廠

幾微臣著作之志不韋而

上蒼啟牖之恩無負又臣弟子王錫神柬心誠篤。從遊有年弟

子王兄。從祖母之姪孫具好修之初志。似皆可獎其向

慕。引入道門亦為盟戒再三示以秘本。但此書實上奉

玄懸。臣著撰時堅持誓願止傳二本。今廣傳異妙。非臣原誓二

人權宜抄錄。仍誓三年不精竟行棻燬。臣以諸弟子膺此

鴻扃。必勤洗濯謹依

師傳規則令雯昌痛發哀誠泰行醮事虔禮

太上慈悲道場

九幽拔罪大懺八部以度雯昌七祖歷刦罪愆二王家賀許

其隨壇自禮共沐

天波伏覲

帝慈均行

賜赦倘蒙

昊穹覆護某等果能由藝入道積行真通所賴

神威特垂超濟萬一某等違臣戒例背道妄行亦望

黎照堂傳

天威時加糾正。輕則儆戒。重則典刑。巨凜凜

天網敢萌私蔽。不勝悚惶戰栗之至。

凡例

是書原本乃遊洞天時得遇真仙傳授秘訣非人世所有皆天宮之秘故不容輕傳於世

是書所採擇者玉鏡經千里眼夜光集郭氏水鉗龍經天玉經剪水經三字青囊經諸書而已皆人世所有一經搜討其精微已盡於此諸書皆屬糟粕

是書乃楊曾廖賴諸公正傳近代幕講禪師尤精其理劉文成謝黃牟乃能合輯年來惟海鹽吳天柱頗明九龍之法曾師事之更再得真傳又盡所未曉之由始為合璧惜不令吳君

一

是書正文已包大義。而其詳曲盡在註及圖例。雖註屬門人沈

生手筆。實予親自訂正。半義不訛。若非此註。依然暗室學者

毋以師弟淺深妄加分別也。

是書圖例皆舉一以見千百。不能書繪者以例推之。觀者善通

其義。勿以迹像拘泥。致失作者之意。

是書盤法。止用正針三十四道。一切絲擾畫行削除。

見其未足也。

藜照堂傳

還元篇

陽基篇

盤　式

盤　銘

俯察之理〇　本乎洛書〇

父母六子〇　範十二支〇

三交成象〇　位參干維〇

三八品配〇　道盡無遺〇

後愚妄作〇　淆亂日滋〇

芟邪表正〇　易簡昭垂〇

蔡興堂傳

歸厚錄圖解

海上云吾子汪宜耀士雲氏著

歸厚錄

杜陵中陽子蔣平階大鴻氏著

檇李門人沈憶年秬承氏註

氣化篇

一元氤氳生天立地化育萬物惟人為貴、

天降陽精地載陰魄陽精為氣陰魄為骨○

兩儀備經五行全質乃具三才乾坤始立○

天有混劫人有死年升陽還虛留陰反泉○

是日歸藏葬禮具焉金玉非寶石槨非堅○

蔡照堂傳

物之為坎炭氣所致也狐之成精人之成仙和氣所
致也狀所謂久久無傷飛升太虛只是萬一之事蔣
公之意只重在根荄骨澤枝葉晃朗上

苟求厚葬擇地為先既得吉兆裸葬何嫌○
地之真氣乃天玄符與魄混合迈精導和○
二曜同環五行相摩朽骨復生美色燦華○
靈魂休暢翔步玄都久久無傷飛升太虛○
子孫精魄祖父盲養如彼草木播種在塊○
根荄骨澤枝葉晃朗其本或橃枯落天拓○
吾觀凶葬棺槨覆崩蝼螘所食寒泉所凝○
狐狸毒蝎窟穴是憑骨化怪異冥靈不寧○
子孫滅絕宗祀用傾此理不誣聖賢所教○

盡性窮理造端地竅世有豎儒高視遠踏○

不相厭宜棄親於道且云禍福上士共笑○

詆意覆宗反成不孝亦有狂且狎天貪眠○

吾德不臧修求地寶彈指輕謀終無明效○

惟彼哲士體道通源地名法象心曰先天○

先天已立法象自全心為大地詔我後賢

此章言人與天地同是一元之氣所生○

人身具有天地陰陽五行之妙既發則

陽升於天所有軀殼即是陰魄復歸於

地所謂墓也既葬之後又能以日月五
行之靈陶鑄其既死之魄則朽骨復靈
久而不傷至陰之魄變成真陽飛升天
表此其最上者也子孫之精魄即祖宗
之精魄故死者受氣生者昌榮此根本
枝葉一氣相通不易之至理也上之為
聖為賢成仙成佛雖於性命之極疑非
陰陽所能拘然亦必其先人能受山川
秀淑之氣而後乾坤道寶萃於其躬下

此而禄位名壽無一非地之所司古之

大儒首重此義惟以安親報本原非邊

福私心特祖宗一氣感通先靈之安與

不安托之溯范無從可驗故即子孫之

隆替卜祖宗之安危世人動云我非求

福惟入土為安報以委之山地或至翻

棺覆椁螻蟻寒泉骨殖化為怪異祖宗

陰魄消散澌絕辛有覆宗絕嗣之禍豈

非不孝之大者乎然大德受大地小德

陽五行之先者所以諄諄而戒後人也○

而得佳壤此又我師先天之學立乎陰○

德存心忠厚則我本來之地已吉自然○

從山河大地總是一心所化現苟能修○

心是太極地象陰陽太極既動兩儀是○

聰將以凶為吉轉福成殃良可畏也蓋○

狂人不知修德妄希大地鬼神必塞其○

受小地不德受惡地天有一定之律若○

亂指穴外之形勢◦亦指穴外之脉絡◦不寬謂形勢相
砲不散謂脉絡相貫

分用篇

稽古鴻蒙未分◦天地水火二氣升降玄虛◦
坎離一交乃媾◦乾坤陰闔陽闢剛柔相涵◦
或凝為山◦或流或川◦地血為水地骨為石◦
葬山依骨葬地依血◦山若離骨水泉砂礫◦
地若離血◦鴻鹵礆确◦山亦多石地亦多水◦
多石之慶塟皆不羙◦多水之慶吉凶難理◦
石多則亂◦水多則溪◦石亂難降水溪皆敗◦
亂石可葬亦水可按◦可葬之亂◦亂而不寬◦

可按之渙渙而不散不窠不散大聚之驗〇

骨體堅定血脉流行堅不可傷流不可凝

疏瀹宣導與性令成言龍言脉皆是強名〇

至人察之覺照孔明〇

此章言人知乾坤交而為坎離不知混

沌之先未有天地不成乾坤止水火二

氣為真陰真陽升降虛無之素隨元氣

而上下道家所謂梵氣也〇此與氣摩溫不

已其輕清者曰上而為天其重濁者曰

下而為地所謂坎離一交而乾坤成也○

然乾坤之體雖判然二物而乾坤之氣

則日夜交媾而不已○一闔一闢互為剛

柔剛者為山柔者為川石乃地之骨水

乃地之血人稟水土之氣以生故其死

也骨血復還於水土制為葬法葬高山

則石是生氣葬平洋則水是生氣得生

氣者吉失生氣者凶然高山在在有石

平洋在在有水亦有葬石葬水而猶然

不吉者何也知水石而不知水與石之

用也石多者粗頑聚雜水多者脉亂紛

馳所以不吉亦竟有雜亂而反吉者則

雜中自清亂中自理散中自聚之故也

今人但知葬乘龍脉不知高山石龍則

有脉可尋平洋一片有何脉息只以水

之流動處為龍故水龍經曰山郡以山

為龍水郡以水為龍人能於水中求龍

而不以地之實處求過峽脉息轉關剝

換則得平洋之真訣矣兄山脉之墜剛
乃天造地設一定不移葬法毫厘不可
虧損任其自然無容勉強水則動而不
靜流而不息原無定質可變吉為凶亦
可變凶為吉大局既定不妨小小改作
以就內局所宜當填則填當濬則濬既
填既濬之後與天生之局渾合為一初
無缺陷所謂裁成輔相能奪神工改天
命之作用也且水既以動為用理當導

去水之地謂水乡小枝流去之處既遠而結於盡故
云愈清愈美三在以蓄為蔭如求龍實地都不知以
水為蔭只怕流破生旺切每有禁過尾閭之事

之使行所以去水之地愈去愈清愈
愈美庸術不知以蓄水為得蔭乃従下
流禁過尾閭不通血脉不貫便成死龍
矣蓋平洋惟以水為真氣得此真氣與
山之真龍福力無異夫天一生水是坎
中一點真陽化生萬物故木非水不
金非水不清土非水不潤火非水不
濟則燥極而自熄滅五行以此為本此
即先天之妙萬化不窮者也平洋舍水

而言龍脈乃強立之名不可拘泥來崗
關峽而反失真元之氣是非至人孰能
究其精奥哉

氣接大幹八句是言京省郡邑以及鄉鎮村落猶山
之有開洋處也屈曲以下方言陰基
屈曲四句是大綱無論枝幹皆有生死之辨去如土
灰直來者尒直卻便與土灰無異
單龍蟠結首尾一望皆見故謂之見龍

生龍　　死龍

單龍生羽

雙龍並駕

榦枝篇

水既成龍還分榦枝大江千里起祖之基

百里十里宗派流澌一里半里小枝之餘

氣接大幹建國封坼氣接小榦公鄉累累

氣接大枝甲第逢時氣接小枝富廢可期

屈曲生龍鍾靈孕奇勁直死龍敗如土灰

潺潺癡龍縱福亦愚條條現龍雷奮雲飛

單龍生羽自交自孳雙龍並駕樂得雄雌

一龍衆子垃蒂連枝胞胎之孕元精未齡

雙龍

午

巽巳

一枝獨榮眾枝皆擢

水為之脈太
貼水反不合
局宜細求

一龍衆子

眾枝同榮遠幹卷隨

穴固當以一

慎勿貪幹幹老則危幹復生枝其幹乃滅

慎勿棄枝愈細愈宜一枝獨榮眾枝皆擢葽

眾枝同榮遠幹悉隨幹之動慶始有枝葽

枝之合處幹氣不離來者為公去者為私

公是過客私是主持眾水雖聚一水發機

發機之所與衆不齊名曰化氣噓吸歸臍

微茫瀰忽太極所胚此是玄竅妙入希夷

希夷有朕非神莫窺

此承上章言既以水為龍則水龍便分

来者為公去者為私就格幹水時所訶以幹視枝則
枝之進口為去氣
微茫瀰忽謂來脈明堂明堂十字有玄微當於此句泰之上
故曰太極孙胚明堂一綫之骨孙以皆具於此水
文窟吸屬來情歸臍謂歸於明堂腦後之一路
氣有炎化弱孙於強偏孙於正局為孙於來氣還孙
他於進孙皆當靜氣
發机之所二字不專指入口而訶而入口為尤重二

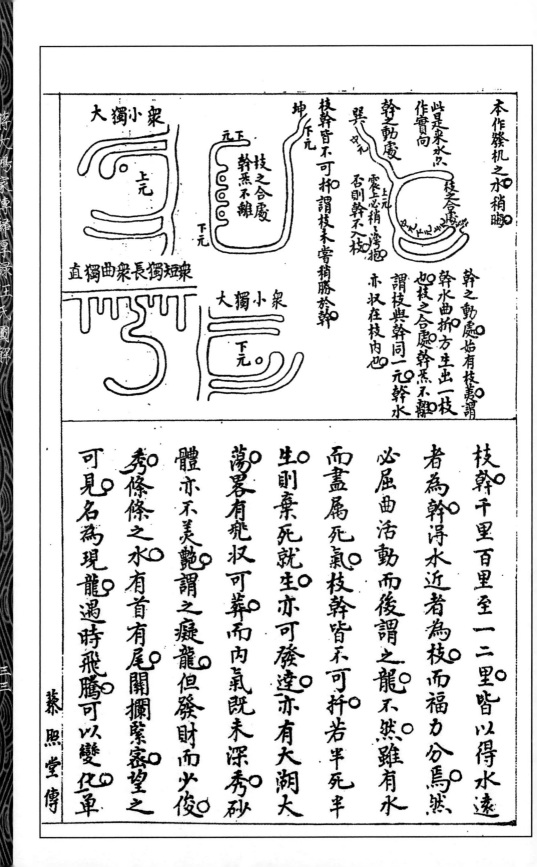

本作發机之水稍晰

幹之動處方始有枝義謂
幹水曲折方生出一枝
也枝之合處幹氣不離
謂枝與幹同一元幹水
亦収在枝内也

坤 下元
枝幹皆不可拆謂枝未嘗稍勝於幹

巽 壬乙丙
此是來水只作寳向
幹之動處
震上必稍之彎抱
否則幹不入枝

上元 下元
枝之合處
幹氣不離

大獨小衆
上元
下元

直獨曲衆　長獨短衆

大獨小衆
下元

枝幹千里百里至一二里皆以得水遠
者為幹得水近者為枝而福力分焉然
必屈曲活動而後謂之龍不然雖有水
而盡屬死氣枝幹皆不可拆若半死半
生則棄死就生亦可發達亦有大湖大
蕩畧有飛収可葬而内氣既未深秀砂
體亦不美艷謂之癡龍但發財而少俊
秀條條之水有首有尾開攔緊密望之
可見名為現龍遇時飛騰可以變化軍

別生枝節其焉自能交媾此交媾但謂其有生有向
有輔有弼合陰陽交媾之理非謂二水一屬陽一屬
陰而交媾於六中也雙龍闢

家批本

行之水雖少輔佐只湏本身轉迴旋遠○
或別生枝節便是羽翼其氣自能交媾○
雖單不獨雙龍雌雄交配久而不替更○
不待言亦有一條單水其間塊収不一○
行如水䑓止若節節一地之上或二穴○
三穴不可限數此是胎氣深厚故養育○
眾多只要各自成局主客相應此既能○
收彼亦能攬則同扦竝發不相違背亦○
無減力之患苓人但知幹龍之貴不知

三：五○謂前後水之曲抑及前後左右護托之水

幹老反不生育須幹上又能生枝然後

幹氣始藉枝融液反能接幹之氣不使

走作如老夫得少女枯木生柔條而後

能懷孕生子開花結實小枝與幹不隣

疑其氣薄力弱不知脫卸深藏愈細愈

妙但此枝或三三兩五五六六等質不

齊不相統攝又不能成地必有一水獨

結而後眾水皆為其用若得眾枝翼衛

一枝必是極大結局并遠來幹水亦皆

蕖照堂傳

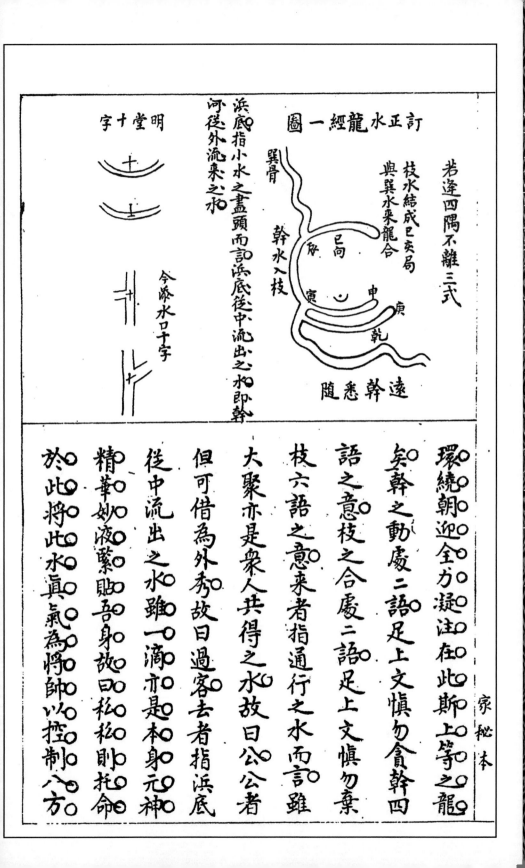

訂正水龍經一圖

若逢四隅不離三式

枝水結成巳亥局
與巽水來龍合

巽骨　幹水入枝

幹

遠　隨　悉

浜底指小水之盡頭而言浜底從中流出之水即幹

河從外流來之水

明堂十字

今添水口十字

巽向　巳　寅　申　庚　乾

環繞朝迎全力凝注在此斯上等之龍

矣幹之動處二語足上文慎勿貪幹四

語之意枝之合處二語足上文慎勿棄

枝六語之意來者指通行之水而言雖

大聚亦是眾人共得之水故曰公公者

但可借為外秀故曰過客去者指浜底

從中流出之水雖一滴亦是本身元神

精華妙液繫賍吾身故曰秘秘即托命

於此將此水真氣為將帥以控制八方

砂水為其兵幸故曰主持由此言之則

衆水雖有結局非此一水全無靈應然

則縂衆水之機者此一水也若此水而

勢又安知其孰為主孰為客哉必也衆大

亦與衆水同其大小同其長短同其形

獨小衆小獨大衆長獨短衆短獨長衆

直獨曲衆斜獨正衆死獨活而後生氣

獨聚於此此為真龍而餘者皆其輔佐

矣但此水之妙在微茫渺忽之間即造

家秘本

化之太極人身之玄竅變變化化皆從

此出〇故曰化氣〇世目遇之迷離恍惚無

從致辨而不知確乎有可見之形可據

之理〇非泡影幻說之談學者神而明之可

也〇

此章極言無止水不成化氣雖有大局

亦不能收其可嘸告誡之意切矣〇

此篇言幹枝皆以轉環不漏為貴

水之有息道猶山之有起頂
息即噓吸之謂或以為息聚之是也有噓有吸
於焉息聚奧內環外掉有噓無吸故謂之漏

来
息
息
漏
漏
息
去
漏去

胎息篇

龍以幹行穴以枝結結龍之水更辨胎息
幹水有息幹氣以鍾枝水無息枝水終窮
何謂息道觀水轉環轉處不分元精內涵
一轉一息一息成胎息多胎足磅礡雲雷
若見分流內環外掉滋液滲漏物華中耗
雖有轉形止名漏道息道氣聚交雄媾雌
漏道氣絕鳳瘦鸞飢憑此二道龍穴安知
上章既分水龍枝幹此章申明枝水幹

水各有結與不結〇不得槪以枝水即是

結氣也〇若是胎息雖在幹水亦為結氣〇

若無胎息雖屬枝水亦為不結息道者〇

水之曲屈轉灣之處也然轉處又須毫

無分行滲漏方為息道盖水脉一轉則

地氣一蓄若有三轉四轉其地之真氣〇

盖養純全胎元滿足葬下五法福澤悠

久雲雷變化定產賢才或水雖曲轉而

轉角之處別有分流兩路三义則元氣

通流彙合之處是為眾水之門見醒心篇

盡矣謂之漏道豈有龍胎乎大都幹水
行龍須幹有息道而後龍為真龍枝水
結穴須枝有息道而後穴為真穴小幹
有胎息亦可立穴不必皆枝也若無胎
息并不可名龍何況求穴世人但知曲
水為秀更以通流彙合之處為龍神蓄
聚之鄉終不知息漏二義滔々天下無
非盲聱豈不哀哉

蔡照堂傳

此篇言脈息慶有星之象而焦及於垣

也

無精不曜二句言有是五行之精無不現五行之貌

金星

土星　火星

水星

此為來情○為去路

火星必戮去尖頭改作金
星方可立穴故
曰火星宜剪火

木星

但可作案　亦為護托

座下一官承三垣來有類之都謂水星類之

辨象篇

天有列宿地有群生群生之體因宿象形

無精不曜無貌不呈山星易曉水星難明

吾為指出覺爾迷情圓者金形直者木體

銳者象火波者象水方正端平中央之母

五行之中各有趨避或獨或兼變化無紀

不惟五曜亦有星垣五曜散陳得一則尊

星垣合義倚蓋拱門三垣帝座二十八藩

藩中一司座下一官有類之者秉憲執權

靈源即指水晶

星垣下降一段言天有象而物應之萬類千章其中

各蘊男音女榮文僚武列之兆

誹謗形之非今兇星化為物自相矛盾

隨星所職以效靈源星垣下降化而為物

為龍為麟為龜為鱉或似鳥翔或似獸立

或象制器或象寶玦萬類千章不可名說

女貴男榮文僚武列各蘊禎符辨之勿失

垣主外勢星主內氣垣不得星垣為虛器

星不得垣星能自制若借外垣感神不世

語子淵微當籌本討識星為光莫貪垣勢

此章言上天垂象聖人則之五帝三王

朝常法典生民日用皆天象所其肖翹

星體不成何暇言脈運故水星實為人間之至寶

一本作六中惟取金土乃為正結水星須穴外爻出
為佳木星亦須爻化土金乃可立穴火星忌閉宜從
之

微動之物○尒莫不然惟地承天地之所
有○天巳懸之山形有天星水形亦有天
星○但人知山星不知水星且有專以地
形名星者○所謂眠倒星辰豎起看亦全
未盡故指水星以覺群迷此救世之津
梁○人間之秘寶不可忽也○五行各有本
形○穴中惟取金土乃為正結火須剪裁
水星須穴外變出為佳木星忌用但可
外砂五星尒有蕉體隨形變化盖兩儀

一星為星宿焉諸星垣焉諸宿

之內惟有五行所以一事一物無不具
備其象人得一星之精華便可備五行
之妙用矣天象五行為緯二十八宿為
經三垣者又其主宰也然垣宿亦不離
五行水龍焉數星之體即成一垣宿之
局又借外水以為益照拱抱搆成堂宇
廣闢門墻即是垣局然三垣列宿亦不
必具其全形或得其中一星貴秀已出群
表其星所應即以天星所主驗之能上

應星垣即下應萬物動植鳥獸制器寶

珢無一不具官之崇卑職之文武惟義

所應畧備玉髓真經與山同斷總之外

有垣局不可無內星以立穴既有穴星

即不合垣局而元氣固固大發何疑故

戒學者先須近察穴星不可遠貪垣局

亦與前章枝幹之論表裏發明

此篇圖弓水龍經載之甚詳可以發明

無漏

上言龍此言乘之有首腹掌足之別
母龍乳子
尾
上元龍首
背脊
上元
腹
求腹取裁
坤未中
下元先鋒
下元骨子
頷
乾向
中元龍首
下元龍首
耳短
耳長

乘龍篇

脉就形成何法裁之乘龍之法弘農所遺

龍有身首龍有腹背龍有龍尾龍有掌足

身是龍行首是龍止水轉為腹水出為尾

龍方行轉多氣鍾

短淺小枝掌足是比幹龍

法葬其腹與枝同功最忌背脊反叛不克

若水太巨雖腹莫庸復求枝水輔幹藏風

母龍乳子其樂融融大結之墓能產豪雄

枝龍息處氣聚於首木杪露花花梢出秀

蒙 照 堂傳

家秘本

多

求腹
下元
取裁。
見醜反

腔足掌　肘
孤
形之
珠懸　腔
衣上
足止

上元
掌
骨足

詳求真息則龍腹龍首掌足皆有言無凶無彼此之
動所謂溥平也

方葬其耳圓葬其口最忌顴角胡頜并劣

枝盡強直見首反醜求腹取裁情觀其受

幹上小枝掌足之形法葬半盡懸珠肘傳

忌葬其爪太過斯傾亦忌葬脛不及則崩

詳求真息三格溥平

上章既詳胎息真脉復詳星象真形龍

穴之道思過半矣然其乘龍裁穴必有

下手作用晉贈弘農太守郭景純先生

遺法至今存也其法以水之行者為龍

身以枝水止者為龍首以枝水出處為

龍尾以枝幹曲轉處為龍腹背以小枝

為龍掌足皆因象取義不可拘執也幹

水雖是行龍若有幾轉則真氣藏蓄胎

元已足就腹作穴與枝龍力量相等即

前所謂幹水有息幹氣以鍾之說也若

灣抱之外反突之處象龍背脊全無包

藏充寔之氣斷不可穴穴則敗絕然幹

水下穴兩岸相距止十丈左右乃可就

腹取裁若太濶大至於二三十丈之遠○

便名江河止堪為結龍之地○不堪為結

穴之區偏就腹下穴雖極環抱亦不能

發○所謂幹龍氣散難求穴也須別求近

幹枝水立穴藏風而以幹水為外抱則

子母相涵有乳養之義必生真豪傑建立

大功福力厖厚非小小富貴可比数也○

枝龍之所以取盡者其枝長大到頭環

轉如木杪花梢得雨露之潤英華妙液

發越於脉盡氣鍾其形方者兩旁有耳

皆可下穴從長酌取其形圓者圓慶是

口止下一穴若當止水鋒首正中是為

龍顙水氣直衝止水鋒旁兩角是為龍

角其水偏射皆未火之交斷不可下其

圓水環抱之外形象胡頷其勢反背如

頷下逆鱗豈可攖之亦有止水盡慶其

形醜拙斜飛反竄不成星體者難下龍

首穴須退出別求龍腹可受之處立穴

蔡熙堂傳

又不可拘盡氣穴也更有幹上小枝水

道短淺不成龍身止作行龍掌足而論〇

其立穴又不可求太盡以水脉不遠塊

氣不深到盡處反無力也穴下半盡之

慶是為中氣脉就兩平肘上懸珠亦是

取象不必以辭害志其太盡處為〇曲

突慶為脛太過不及皆不可穴葬法雖

有幹龍大枝水小枝水三格穴法不同〇

然總以息道為憑三格皆得其平矣再

家秘本

四叮嚀而要歸於眞息○學者不可不察也○

此章言立穴以御龍止於攀騎挾三格而三法各以
後陰為貴也

若逢四隅二語謂四隅皆有水立穴仍以一水為主
也或云來情偏在穴之四隅亦通
胸脇挾龍湧泉攀龍此但形容其水勢如此寶則皆
水脉接首氣蔭腦宮者也以挾龍水居一偏攀龍尚
待克化故謂之次格若掌足攀龍照後陰則氣多洩
湧泉入氣
騎龍穴逼近後陰水要看後面水面丈尺攀龍穴大
抵在前後二水之中間要看前水最近一節丈尺

御極篇

穴以御龍曰惟三極據水在後騎龍之格
倚水在旁挾龍於腋親水面前攀龍之的
若逢四隅不離三式依形化裁因勢取則
上格騎龍氣蔭腦宮中格挾龍逼脇當胸
攀龍湧泉久火上真通二法雖亞但貴氣鍾
氣鍾之穴與上同功更有後陰水係無窮
我挾其微天驚地動氣周八國安取後陰
至道根荄造物所命人稟元陽藏神泥九

蘇照堂傳

泥九九房太帝宅焉為乾為罪煉骨成仙
比及物化魂升於天元精未滅天靈伏潛
若水陰頂養魂得全骨朽復榮魄散再圓
子若悟之神超象先葬山首丘葬水首流
山脈接首與山比遘水脈接首與水比悠
後陰之法微分近遠迴紫抱黃義尚環轉
息道後抱哉生月溏漏道後抱死魄流涸
三極一元真胎是產
此章言龍穴既定而坐向所以統御龍

騎龍之後蔭極局忽挾龍攀龍之後蔭在局外挾龍
貼左右水立穴攀龍立穴於向水後蔭之中間非若
騎龍緊貼後蔭故曰微分近遠
迴紫抱黃義高環轉即天元歌所謂平氣不如環
足此迴氣盡槃會狼以例其回紫之慶稍稍環
轉便是抱黃三極一元謂攀騎挾三格生炁歸於一
不勞滾也

下元攀龍

後陰回紫
即是抱黃

葉九升所載千里眼云點穴之法出入俱以水濶狹
為即如河濶一丈穴亦進一丈也我謂掌足之餘單
水抱穴誠如所謂或攀龍大局另開後蔭照後蔭濶
狹亦可也若不另開後蔭決無論水面濶狹之理拘
泥尺寸蔣公亦嘗譏之

穴隨形立極亦有三焉坐後據水為騎
龍格兩傍倚水為挾龍格穴前向水為
攀龍格若穴落四隅因勢立向近前者
為攀龍近左右者為挾龍近後水者為
騎龍總不出此三者也惟騎龍穴法後
水正蔭腦宮為最上之格挾龍水在兩
旁氣從左右來正當胸脇格法次之攀
龍格水在穴前氣入湧泉其應稍緩格
法又次之二格雖不及騎龍只要胎息

蔡照堂傳

家秘本

氣鍾與騎龍之格原相伯仲若立穴處

倚水向水而外局更有後抱與騎龍一

體〇不分軒輊發福悠久豈有窮時夫此

後抱水一法千古不傳非世間術數之

書可望其涯際若論乾坤元氣周流八

方葬法隨方可取何故必取其後蔭蓋

因人身一小天地元首象天乃陽神所

棲泥丸九宮諸天帝君所都之境丹家

以首為乾為鼎九轉丹成陽神破鼎而

出即為天仙人之死也魂升於天亦從

此出身雖已死而元陽尚有毫髮未盡

漸藏潛伏天靈之內得天一真陽水氣

灌注蔭養天魂再生死者不死而子孫

蒙其福澤矣若悟斯道豈非回生起死

功侔造化者乎葢葬法未有不歸重於

天靈者葬山則頂接山脉而後山氣始

為我有而與山比道矣葬水則頂接水

脉而後水氣始為我有而與水比悠矣

藜照堂傳

未聞葬山者向山而穴則知葬水者之

向水皆謬也倚水穴氣自旁入是從胸

脇透入天靈其情稍踈其應似緩向水

穴氣自湧泉入徐徐貫至天靈其情更

踈其應較遲矣須有後抱外水塊収胎

息之氣則其真息之自旁而來自向而

來者一遇後抱捲而逆上還歸腦宮所

以與騎龍一體而論也夫後蔭非穴後

有水即名後蔭也須後抱者是真息之

水應哉生明腦滿而發也若後抱者是
漏道之水雖其形似抱空抱而巳應旁
死魄腦氣洩盡如何可發耶是故息道
在後漏道在前名為坐生朝死富貴之
穴若息道在前漏道在後縱有吉氣入
穴小發而巳不旋踵而衰落驗諸舊坟
罔不然者同一地也而坐向一差千里
之謬有如此者然則坐向亦安可不慎
哉

體○只是陰陽用是陰陽之次序用是用其體非此之
用可焉彼之體或謂元運洛書焉河圖一六同宮上
元坎得令乾亦隨之豈不可哉
辨色五數飛居都會謂之九宮顛倒分屬九州地之方
位一定而天即布化於其上斗杓一日夜環指九宮
生氣流行克塞宇宙斯理顯然可見至其間此衰彼
盛二十年而小變六十年而大變則非人之智巧所
能推測也
二五謂十干居中謂居宮之中與正
高山有絡一段此言平地之氣與高山不同高山従
父母結穴必先従父母出脉従子息出脉必仍従子
息結穴若平地之氣浩湯平夷父母子息無憑界
限故一分干支一不必更立干支名色也下文方言
乗之法註雖有干支陰陽等語然不得泥此而疑

定卦篇

在昔神聖天錫圖書先天後天表裏黙符
立體致用一元所孚本無兩象豈曰分途
八卦之方九宮之位辨色定數飛居都會
斗杓應之以旋元氣管握四時克塞函蓋
干則有十支贏其二二五居中四維隔峙
二十四道燦乎不昧遡厥原初實惟卦體
高山有絡絡則分經平地有氣氣則同情
　　此段只○言平地○气浩湯無○狠非如此
茫茫庸術干支徑庭至人寶秘隱而不評
　龍之分殊途殊執○以起下支○無闗峽起

山龍獨有淨陰淨陽作用

陰陽截取謂四偶四奇徒無差錯

滴水先到謂穴場最近之水即來龍即命脈也以命
脈不在多故謂之滴水以其最近故謂之先到
氷脈不離謂龍與局今來龍是骨穴地是胍骨親肉
胍即龍局皆得矣
胎即胎局之精微處恐人既知其為坎局而仍用壬為
亥癸魚丑分金既知其為震局而仍用甲蕪寅乙魚
辰分金故特成之益欲局今龍向又合局也
八卦皆涵言前後左右星卦皆盂斜差錯也必辨入
纖埃而後立向無失胎之患

吾今敢泄蒙害救民嘗發大願忍干天刑
伏與祖宗子孫之○別也若水道次龍以
○祖○宗○子○孫○分別高下○次與○山龍同

丙丁皆離壬癸皆坎四正四維同歸畔岸

正以干輔維以支贊陰陽截然不相淆漁

何以乘之非關非峽亦無起祖亦無轉結

隨地成龍隨地成穴滴水先到真氣拮攝

水脈不離骨親肉貼既知辨局更畏失胎

失貼之慮一毫以乘民與霜類兒與乾猜

八卦皆涵言之可哀分星定位一謬百危

欲求珠貝乃得塵灰此詳堂氣分別加換

星符即元運六有焦宫星符皆好如中元壬向焦癸
下元丑向焦癸元運兩利者也此承上文立向焦癸
若穴之的係焦向之局外應又與焦向相酌是謂星應
皆兩宫之所喜雖雜而不清穴能蔭諸
旺氣兩來三息四道謂下元一二三加上元七八方
各有水光會成一局
端麗方能純全傾欹必至差錯
辨清辨雜二語抱結上文如焦宫而能星符皆好是
亦清也

龍合局

午骨　午　子午局

子壬局

午水畏巽方是謂龍不合

局上元不可用

羅經一定辨入纖埃亦有焦宫星符皆好

一胎所育兩嬰懷抱此衰彼盛容顔難老

旺氣兩來三息四道交媾嘘吸陽施陰抱

是在格全傾陂勿寶辨清辨雜斯為卦要

此章言河圖洛書雖有先後天體用之

殊實則一元而非兩象地之用洛書九

宫乃先天河圖也八卦定位而九宫飛

行所以象斗杓之旋轉此理充塞宇宙

無物不具一洛書而地者其大象也方

蔡照堂傳

隅雖有二十四道○其體不過八卦能統
攝之故四正以干為輔四維以支為輔
五帝三王○分天下為九州○即是大九宮
明堂太室即王者端居建極之九宮井
田之制即民間之小九宮先王體國經
野莫不如是○後世寖失其法而以山龍
混之反失地理之正奧蓋山龍有脉絡○
譬人之筋骨自頂至踵一絲相連亂而
有經故分干支若平地則如人之血肉

觸處流通不可測其何處而來故不尋

干支脉絡但領八方之氣陽卦如則干支

之陰者皆隨卦而陽陰卦則干支之陽

者皆隨卦而陰不必更立干支名色以

平坡之氣浩蕩無垠故也若其乘之

法又非實地連綿處為龍則關峽起伏俱非

所論祖宗子孫亦無差別隨地皆可立

穴只以立穴處一滴相近者為先到便

是真氣流露與此水相親即便成局假

家秘本

如外應堂局元運等類皆利此局而此

局內之氣未清不妨少加人力以清之斯

為裁成輔相之妙今之時師亦有能言

局者而所下之穴往往錯誤禍福天淵

何也病在下局不真所謂失胎也失胎

則一毫之差千里之謬矣蓋辨局要將

羅經格定看此地是何堂氣所謂堂局

者非明堂之堂乃論貼身所近之水不

拘前後左右皆為堂氣此水近在西方

甲向下元為衰上元為盛薰寅三分則甲氣不全雖
遇上元炎卯未平兮不發福一遇坤運寅午戌年必
有禍矣

收寅甲之氣是矣不知此氣甲宮薰寅
則甲不清而犯寅氣者在上元去衰就
盛亦不發福更收艮宮之氣不幾求福
而得禍乎八宮皆如此辨不可不慎亦
有兩宮齊到雜而不清亦能獲吉者則
以星應皆兩宮所喜也更有一種奇地
兩宮水到或三四齊到此為群精媾會
胎息交通最為和美三元不敗之地但
須體格端麗純全如有一毫傾欹斜倒

藝照堂傳

或其收氣之水參差零雜○即非真地反

不如單局之力專矣○

第一星體　即金土二穴星也

第二龍神　認來龍此第一第二之序也

辨其一卦與煎卦先看金龍動不動次察血脈

第三堂氣　於水之來處盡處辨所受之八尺不雜而生尅

制化之妙在其中

第四朝向　謂向上蓄水

第五形局　氣屬水形屬地既已後省蔭前有益便當觀其

實地門外并道路何如也

第六高低　即幕師千里眼之法

第七外應　如山峯寶塔大湖大蕩之類在星垣之外逺逺

之慮

第八翼衛　謂有星又有垣

第九緊密　此統承上文而言相照相稱便是緊密

第十元運　元運無所不貫又為秘指故居於終

此篇專論立穴明堂局焉

坎令乾旺之謬已見前幕或又云水能生和坎令巽
亦旺則先天五行無生尅楊公已明言之矣○

星曜全強謂得居父母之正中○
山龍以山多之處為力厚○水龍以水多之處為力厚○

審運篇

日有中昃月有盈虧○地有衰旺家有廢興○
天道之常物無適情朝而鼎食暮而甕飧○
運逢忽敗知者先明朝哭於巷夕歌於庭○
運逢驟進愚者莫驚其運維何九宮之次○
上元一統黑碧佐治中元四綠五六鼎峙○
下元七統八九迭制元中正運元外餘氣○
餘氣既竭王公輿隸地力敦厖星曜全強○
康衢奮步險道可航地力偏薄星曜踦駥○

福來不全〇禍來絕索〇一衰一旺休咎相代〇

兩衰一旺〇旺不能載兩旺一衰衰亦何害〇

下士失時河清難待上士乘時援師救敗〇

移易陰陽更張莫憚細察星分以防其瀆〇

此言天道無百全之數故有陽九百六

之災〇雖至美之地不能有旺無衰至德

之家〇不能有興無廢禍福倚伏蓋有不

得而迯者全係乎三元之運〇運旺則阜

門驟發運衰則久貴忽傾〇人但見其止

此一坟止此一宅而前後之不侔如此
及以地理為不足信豈知坟宅不更而
元運自轉陰陽之道間不容髮惟知者
為能先覺夫元運者上元甲子以一白
坎為統龍二黑坤三碧震輔之共主六
十年坎先管二十年甲申入坤甲辰入
震各管二十年然雖有未來過去發福
先後輕重之不同在一元之中則皆乘
旺氣中元甲子以四綠巽為統龍五黃

門戶春秋之平候故亞於坎離艮之象

而根深先金以少而堅剛且為日月之

戊巳真土故三元不敗者如多震木以壯

之中氣中男中女即先天之乾坤中藏

之餘氣也嘗聞之我師云坎離為天地

三龍在中元未嘗不發蓋中元即上元

之主治亦如前歷驗已往之地則上元

子以七赤兌為統龍八白艮九紫離輔

中宮六白乾輔之主治亦如前下元甲

為山山不可稺其質堅矣故其久亦比
震兌乾為老亢之金坤為既產之土五
黃廉貞之火亦無根源依物而炎故皆
不久巽為椎木奇花爛熳不耐風雨尤
為易衰然龍運雖定尤當以地力消詳
之君地力厚而星卦純雖入敗運止於
不殘尚可自保地力薄而星卦雜雖入
旺運縱簇亦多顛躓五福不全且齊民
止一墳一宅則無牽制巨家坟宅不一

黎照堂傳

又當衆觀若有兩地。一衰一旺互相抵

當能享平福又當審其力之大小以決

勝負一衰不敵兩旺則旺能為福一旺

不敵二衰則衰能為害予嘗見屢衰宅

而發者必有佳墓亦有墓衰墓而發者

必有佳宅或遠祖坟正得氣而新葬之

禍未乾或新扦美而不發必舊坟之凶

煞未除要之上吉始能雪小凶而祖禰

更加於高曾耳作者求夫元之大地不

如得及時之小地○人壽幾何待其去哀

入旺○身與家同敝矣故吾師嘗教人開

塞○以就本元之盛○真良工苦心但須斟

酌星卦之合否而後從事切勿妄動自

致潰敗為也○

天啟甲子以前公卿驟發及有素富而

橫財致富者皆四五六之地一交甲子○

巽地忽然敗絕○而兌地皆發○甲申乙酉

之難○凡被禍者必五六之地○則知巽無

鼎革時八白主治所以坤盡矣非坤之力果不如震
也前云乾為老元之鈒坤為既産之坤故皆不知後
則云上元龍所及較久故坎坤不替後說較長

餘氣黃乾餘氣止二十年耳今之趨時
得志及株守保全者必兑艮離也坎至
此時有存有亡坤盡亡矣震則亡多存
少陰宅尚餘十之一二。陽基則盡矣可
見上元龍並旺中元中元龍亦旺於下
元下元之龍亦當有餘力旺於上元但
只可一二十年。上元龍所及較久故曰、
兼中下兩元言
坎坤不替。

來情篇

卦運真機問厥求○來情來情枝幹以類分行○
幹水來去世目易明○枝水有止來去難明○
枝之入口吐納滋生○執此言來其來有經○
穴若乗之脉氣可憑○若指為去倒置不寧○
幹水來離坎龍所入○幹水來震兑脉不失○
八卦之門各歸本室○枝之來伍依此而立○
循其曲折視其斜直○度其修短溯其移易○
一氣薫氣因方定質○分元辨位應時效績○

門喻龍室喻水陽基震門之燕入兌室即此理
依此依穹指幹水知幹水之骨方可以知枝水
循其曲折四句三格皆如是一燕薫燕猶云一宮兩
宮同方定質只就龍身言非就穴場言就龍身所采
之方定其何脉別其何元曰就穴場辨其屬於何公
伍以此斷言凶鮮有不驗者世俗不明註意乃謂上

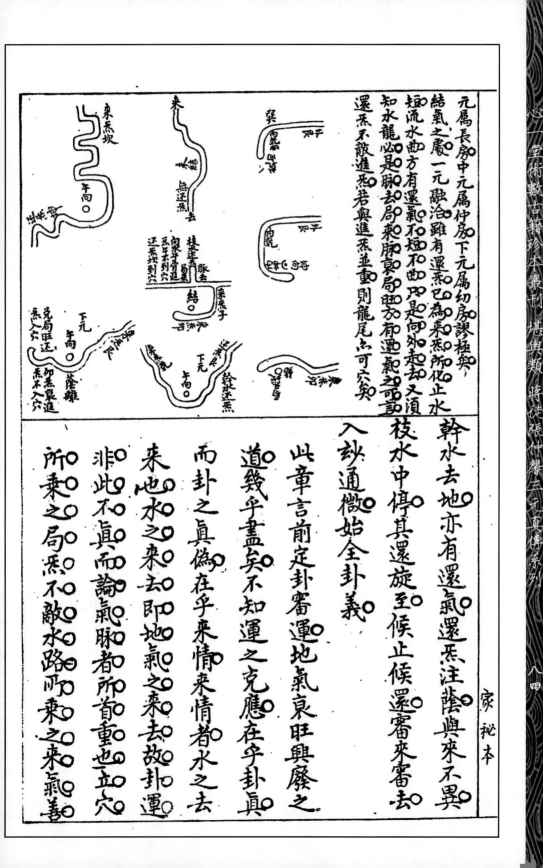

元屬長房中元屬仲房下元屬幼房謬極矣
結氣之處一元融洽雖有還炁已為來炁所化止水
短流水曲方有還氣不短不曲只是向外却又須
知水龍必是脈去局來脈裹局旺方有還氣之可訣
還炁不敵進炁若與進炁並重則龍尾亦可穴矣

幹水去地亦有還氣還炁注陰與來不異
枝水中停其還旋至候止候還審來審去
入炒通微始全卦義
此章言前定卦審運地氣泉旺與廢之
道幾乎盡矣不知運之克應在乎卦真
而卦之真偽在乎來情來情者水之去
來地水之來去即地氣之來去故卦運
非此不真而論氣脈者所首重也五穴
所乘之局炁不敵水路而乘之來氣善

家秘本

心一堂術數古籍珍本叢刊 堪輿類 蔣徒張仲馨三元真傳系列

八四

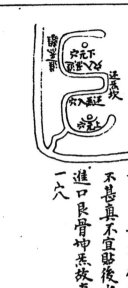

下元穴真宜貼後水上元穴

不甚真不宜貼後水

進口艮骨坤炁故有上元

一八

於來氣者知來氣之精微則局氣又和
足言矣餘水有餘水之來枝水有枝水
之來幹水之來去易知而枝水之來去
難知今人但知水來之方為來水去之
方為去以此概論幹枝則謬矣流來為
來流去為去通行幹水則然若夫浜瀆
停止不道之止水則反以止處出處
為來出處望止處為去蓋水之行脈與
山無二山以幹之落處為來以枝之盡

八五

蔡熙堂傳

處為止惟水亦然自江湖溪蕩派入小

枝則派入之口為來而水之盡慶為止

矣故枝水葬於盡慶世人以為源頭水

尾有出無入有去無來之地而不知乃

有入無出有來無去真氣止息之地所

以發福易而歷年亦久也凡水路來自

坎方即為離龍水路來自離方即是坎

龍八卦皆然又須循其曲折離上有一

曲折即是一節坎龍離上有二曲折即

是二節坎龍也視其斜直者若是離方
來直至坎方止則為眞坎氣若是離方
來又斜過左邊向巽方止即為坎龍矣
足乾龍入首矣度其修短者離路水長○
坤路水短即為坎氣長艮氣短矣若離
路水短坤路水長又為坎氣短艮氣長
矣溯其移易者有從坤方入口又行巽
方一轉而後結穴則為外艮內乾矣有
從坤方入口行至巽方一轉又行至艮

方一轉而後結穴則為外艮內乾坤矣〇

如此變局是不一端故地有一氣者有〇

蓋二氣者有蓋三四氣者以其水行方〇

位定龍之質幹以此分上中下三元辨〇

長中幼三位應時取效永無羔惑幹水〇

結氣立穴之後必有去水此去水流處〇

必有還氣如水從巽方來又從坤方去〇

向南立穴則為左乾右艮矣如水從巽〇

方來又從乾方去向巽立穴則為前乾〇

兩元各有衰旺其禍福之應在三合年中

後巽失水從巽方來又從兌方去向南
立穴則為左乾右震矣一元位上來去
一元大發兩元位上來去兩元衰旺分
應歷歷不爽枝水如不葬盡處葬於中
間則到底一節亦同去水亦作還氣論
如坤水曲折而去至艮方止而就中停
上立穴作為巽向是左坤右艮之局矣
蓋穴迎來水為氣之止穴迎去水為氣
之還審其來即知氣止審其去即知氣

蔡照堂傳

還此章論來論止之法必須精詳變化

入妙通微而後八卦之義毫厘辨晰無

有不全而三元氣運衰旺絲毫皆照也

局燕之理宗水注受即龍合局之義謂來龍之水注
於此水而此水足以受之也分水與龍而討龍為雄
水為雌合水之為龍與穴之為主而討則土為雌水
為雄與其一注一受之義同也

浮光露影謂踈水轉輪猶云改輾踈水非能入穴而
穴中之熙目與之應所以內奪於外有轉輪之勢
八宮化現一陝熹親水踈水而討深闊為有淺狹為
小局後居中為重在前在旁為輕重而大者為主小
而輕者為賓此賓主與下文賓主似異而實同

注受篇

局氣之理實水注受親水於離坎脈斯有〇
親水在兌震氣入口以及八宮宮可剖〇
土雌水雄相為牝牡亦有變氣以踈奪親〇
浮光露影地氣轉輪親水在乾踈水在坤〇
內氣專與外氣艮分八宮化現二偶三陟〇
但有水現氣即交侵兩枝連理駢拇雙姬〇
莫論一局夫命喪身大小輕重以別主賓〇
親者宮神踈者照神照神有二目接斯真〇

滿照瀰漾動照通津照本賓伍宮乃主人

主勢剛健驕容伏剛賓勢大盛主權不振

賓主交勁此謝彼新詳觀遠近以時屈伸

乘氣之法莫或泛泛

此章言八宮立局收氣之理本以貼水

接脈水氣注受雌雄交媾而成局也貼

離水為坎脈貼兌水為震脈八宮以例

推之此定局也亦有變氣為局者局外

特出疏遠之水浮兌露影奪其局中之

氣○如乾水立局○本是巽氣而坤宮有水

現○則為內巽外艮凡八宮立一局者有

他局水現皆能奪本局之氣○以至二水

三水參差並見○無不皆然○若止執近穴

一局而論水蓋究而變震下元必衰葬

巽而變兌中元必衰求生得死求盛得

衰未有不失命喪身者○今人但知為合

元之地○豈知有失元之氣以奪之哉○其

間必當權其大小輕重○以斷主賓相勝

之数益親水內局是為宫神踈水外局

是為照神照神亦有二等通流曲折者

為動照蕩漾積瀦者為滿照二照力均

總以目所覩者為真望之不見其力微

矣夫宫神為主照神為賓本是定位然

須宫神水道深濶更是重重息道聚氣

之局而後主勢剛健外來照神之水終

是浮氣不能奪之故當主局元中不被

其害若照神之氣過於宫神宫神之氣

反又微薄○弱主不能制強賓○則當主局
元中必難發福直待照神所旺之元○乃
始暢發亦有宮神照神主賓齊勁○則一
元姜謝一局更新反成三元不敗之地○
更須參其尺度之遠近○以決發福之後
先大約地氣之應○自近○者始宜於本元
水近他元水遠○然後下葬自近及遠以
漸蔭應斯為順理○若本元之水遠而他
元之水反近○則初葬之時雖有照神控

蘸照堂傳

制〇終嫌本局不得旺氣〇難求速效矣〇

先天惟乾坤後天惟震兌陽居陽陰居陰可見先天
以乾坤為體後天以震兌為用
先天元氣至化育萬方論九星所以地之嘘吸至不同而
同論水氣為九星所化無央即無窮無水之地猶天之廬其
地為九星所化地之九宮至潛符熙導論宗
水猶二十八宿皆北斗陰精所化委不一委源不一
源此即地運九曜以扶八宮也八字亦當作九而
卦相對而成行一卦細分各有位相比即交媾之義
承父母句乘相後即同情之義承子女句乘明二十
四位止於九曜統之顛倒錯亂謂貪此巨南無可循
之府不同而同謂三星合為一運三卦專指宗地之
三吉而訂三星潛符而熙導之精氣
從天四句統承上文二段而訂三元各有輔弼雖無
皆而不可為立穴所以但於前不宜於後
若藝龍後閭經趙郁即不得以輔弼名之第四山
謂三吉之卦與輔弼之夾宜者時師見為向空而已
向宗也見為內流而已外流也見為流非盡結而上
儼然勿休也皆所謂宜嗔而喜宜樂而憂者也尚上

星符篇

先天元氣化為天皇○端拱紫微○以斡天綱○
尊星帝坐○與七同行○化成輔弼○陰扶斗罡○
北極至陰實秉至陽○坎中一○○先天乾藏○
主司六合旋轉無央八卦之母○列宿之王○
斟酌元氣化育萬方地之嘘吸內發黃泉○
地之方位○上合蒼天○虛位辰次水位星躔○
斗精所化委委源源○運此九曜以扶八宮○
是大五行名曰玄空父母交歡子女繼宗○

蔡照堂傳

內流為案外流即為空流之畫廳固吉山所係然不

盡而流曲折有還照其吉山亦相懸

精氣從天葉九外平陽全書改作消納從天大謬○下

又豎消納從天之謬

地母卦即五鬼卦坤山從離起離山從坤起陽宮起

法即此起廉貞例也謂離山則坤廉坎武兌破震

輔離貪乾巨巽祿艮文坤山則離廉乾武巽破艮輔

坤貪坎巨兌祿震文若坎山乾起則乾廉離武艮破

巽輔乾山坎起則坎廉坤武震破兌輔也隔宮用

標出以貪巨武輔收來水

翻卦訣

兌　震
坤　坎
巽　艮
離
乾

行行相比位位相從顛倒錯亂不同而同○

地之九宮即天九曜白紫分揮餘色隱照○

三卦迭推潛符黙導○精氣從天廠有父道○

胎息從地如母之保○天道主施地道主受○

三吉為純輔彌無咎但宜於前不宜於後○

若淆四凶神聖莫救開路欲清法當詳究○

亦有隱曜天外浮空隱之畢寂照之畢收○

更有轉曜其變難求宜嗔而喜宜樂而憂○

向空向實內流外流流不必盡其流勿休○

天父卦以對宮起貪狼乾山從兑起離山從震起謂
乾山則兑貪震巨坤禄坎文離貪兑巨坎禄
坤文也對宮用爻標出以貪巨輔武消去水
天地顛倒而無虛如翻卦之説虛如棲釣樹蓋各
山加震宮之法同一侯倆其所繪圖皆當以一筊置
之

翻卦之法天父之貪巨武輔即地母之文禄破廉其
亦筠開顛倒顛之説而強為之辭沙
乾純陽坤純陰六子不外陰陽則而乾坤也坎離為
陰陽之中乾而乾坤先以中氣相交媾則亦坎離也
後天之坎離宗代先天之乾以其為中氣也後天
之震兑宗代先天之坎離以此陽火陰之相稱而中
乾之次坤老陽老陰為過而火陽老陰為不及中
則不屈於正而屈於偏矣要之先天無一爻不交
後天則居中者以中爻相交媾居偏者以初爻末爻相
交媾無一爻不交媾者渾全之體以□爻相
次第之用也此乃造化自然之妙聖人觀象之旨宋
儒尚未見及今註言四隅乾坤艮巽而以離代坤明

挨星之訣至聖所秘有得之者掌握天地
唯此五行五命司契諸家妄作盡為妖魅
此章專言天地之內氣化流行皆九星
所主治混沌未開之始有先天氣母以
虛無為祖氣化為九星以成天地一曰
天星大帝即尊星二曰紫微大帝即帝
星三曰北斗第一貪狼星四曰北斗第
二巨門星五曰北斗第三禄存星六曰
北斗第四文曲星七曰北斗第五廉貞

離之外象乾而禀坤之中氣於乾坤之外象坎而舍離之
中氣於乾坤○坎○離坎○離○乾坤之義也而愚且悖
者憑臆求之則以為翻卦之說在是矣
按以上諸節節枝即來情之龍象胎息言定卦詳言辨局立
體乘龍承枝訣御極承胎息即注受之星
向聽以晰注受之精微審運務朗地厚星強聽以著
來情之差等要之然互見之詞也辨象取五星之象
星符取九星之名引天說地一則渾括一則備詳總
不外來情注受兩端而已

星○八日北斗第六武曲星○九日北斗第
七破軍星而尊帝二星之餘光又化為
輔弼在破軍之傍隱而不見皆高居紫
微垣內以主宰天地紫微垣者北辰天
極在天壬癸之方極北至陰而後群
所自生坎中藏乾爻有此一陽而後群
陰群陽無不普遍故能維繫天地旋轉
造化斗柄所指四時之氣隨之而轉以
此九星之氣○下施於地化生萬物故人

之生命無不繫屬九星然則窮通壽夭

豈能逃或地氣雖發黃泉宗與天之方

位合一地之虛位即寥廓無星之位○天

之次舍所謂辰也地之水道從天津折

木而來即天星所躔辰與星皆本於九

星○所以地之吉凶純以九星為斷地之

九宮正與天星合德在九宮則貪狼即

一白水而於星化為木巨即二黑土禄

即三碧木而於星化為土文即四綠木

而於星化為水廉即五黃土而於星化
為火武即六白金破即七赤金輔即八
白土弼即九紫火而於星化為金五行
雖無定數變變化化乃五行所自出先
天一氣故曰玄空大卦五行其乾坤艮
巽坎離震兌乃卦爻父母子女相得自
然之次第非人之所能造顛倒錯亂而
愈井然不同之中有大同者存焉卦則
以乾坤為父母以六卦為子孫二十四

道○又以八卦為父母以干支為子孫蓋
地氣本天之九星運而不息流行八方○
有所自来故三路歸於一卦凡地須單
收三吉輔弼○不可雜以四凶吉路又要
極清○若吉凶各宮齊到應吉者吉應凶
者凶○若吉凶同行而至則吉中有凶兵影
曜者○内堂不見之水還去数里之外若
不照穴則隠而不見禍福驗遲若一照
穴則禍福立應○更甚於内堂之水蓋水

之能為禍福者其光氣為之如三光之

照物遠則光愈顯所以力愈重也有農

夫之家小舍發福一起高樓即歟見外

凶水也有初塋不發樹木參天而後貴

見外吉水也轉曜者有內卦旺而力薄

外卦衰而力厚則轉為不吉矣有內卦

衰而力薄外卦旺而力厚則轉為吉矣

向中有來水為實向無來水為虛向亦

有吉向而反為凶有凶向而反為吉者

外有正五行八卦五行洪範五行皆非

傳書不傳訣恐干天怒也除此大五行

造化在於掌握噓吸通於帝座與古人

星訣朝是凡夫暮是仙能盡挨星之用○

挨星訣天地所秘古諺云有人識得挨

仍作來論吉凶亦必顛倒學者慎之此

或一里二里開一大漾穴中復見其影○

貼身一滴為准若前水遠歸坐後而去○

蓋星卦不明衰旺必有病矣然星卦以

地理乘龍立向之用不可引入至於雙
山三合○支離勉强尤為不通夫盈天地
之內○惟一氣化生○生則無乎不生死則
無乎不死豈有限定某方為我生某方
為我死者○此皆後人傳會之談學者慎
勿為所惑焉○

原隰乃實地之名山龍石脉必有左右龍虎水龍地
祗非有龍虎之可訽故曰旱受之氣不離前後左右
前後皆就穴塲詴

漸高漸低漸享要說千里眼云穴左雯時三尺俰長
房子孫殺三専穴右雯時三尺俰二房必定摘三専

原隰篇

水龍之地與山相貿山之生氣鍾於高阜〇
水之生氣鍾於旱受高阜之氣不離左右〇
旱受之氣不離前後何謂明堂堂前地高〇
高而漸高代產英豪如或傾瀉貧窮逃〇
穴後地低如馮蕭尿低而漸低葉葉不摧〇
如或隆起絕世無兒穴左坦然青龍蜒蜒〇
長子元宗家餘賦錢穴右土厚白虎短脉〇
少男疾病常遭禍咎旱而太旱當作水推〇

蔡照堂傳

能奪正局相土嘗如大江以北千里平陸〇

土嘗有餘水嘗不足高厚為岡低平為谷〇

春雨秋霖為淺為蓄何必江湖而後成局〇

宜詳尺度薰別砂族剖露一端以談地軸〇

此章言高山與平洋事事相反山龍以

高處為生氣水龍以甲受為生氣正以

山龍從山上高處來水龍從水中低處

來也凡平洋穴後龍宜低坦一步低一

步此為後龍綿遠子孫悠久蕃廟壽考

無涯穴之左右亦須低坦乃為龍虎環

抱穴中氣足左低長發右低少發若穴

中有高地或兩重靠山塋下損丁子孫

希少漸漸高去後嗣必絕青龍高長子

貧窮白虎高季子消乏惟明堂之內則

宜漸遠漸高為送水歸堂大發財祿傾

瀉蕩然則財散矣然三方低下之處必

湏四望平夷若有一處極低便作水論

依水立局之氣反為所奪局氣不真矣

且江南多水之地○以江湖溪澗為龍局○

江北中原千里平曠無水可收即以低

地為水高地為龍便成九局以斷吉凶○

若兩下時其低處即有水脉流通便成

枝幹外有數重陰砂衛穴即大地矣偶

因原隰露此一班學者即此而推則中

原平龍瞭如指掌矣○

巨浸篇

亦有一方潴洋巨浸雖曰凝龍豈無良穴

湖蕩池沼為子復論縱不生枝亦有積潤

湖厭根苗實從元運裁穴之法亦有真機

若穴池沼方矩圓規氣乘其橫中正等夷

大湖大蕩中氣推移測死測生目巧在微

變化之妙義同幹枝眾水浩浩一隅可嚙

眾水奔趨一隅曲入一嚙一八眾水駐積

水聚砂回渟渟滴滴不散不漫真氣已蟄

池沼者不稍帶長形則方為碩土員為碩金其旁不

可立穴既稍帶長形而五穴於縱處則方犯木星之

直而夾其為方員犯火星之尖而夾其為員故必燕

乘其橫如中正等夷者蓋欲五穴於方員丈尺之正

中

小湖小蕩之旁中燕即為中生為大湖大蕩之兩生

燕斯為中燕中燕非有一定故曰推移圖見水龍經

⊙ 碩金

□ 碩土

⬭ 橫中中　縱

中中

蘇隱堂傳

一二一

山非凝龍

砂高

水入方兌

年高
入湖蕩限

胎車

看來湖蕩非汊洲群聚不可立穴

不可以息漏二道論胎元言巨浸決無環轉之勢湖
蕩雖有漏洩又不足為病也後註大蕩為漏道小蕩
為息道乃是假借之辭其曰又有後蔭是湖蕩中沙
洲有曲入小水此不可多滑君若湖蕩乘軍穴派卜
水則不在凝龍之教矣

乘元蔭後釀福颺疾此是真息與枝同匹
若無枝息穴坐其圈倚借外勢望之淵淵
形與眾殊彼媚我嬌日引月長福必待年
三吳江楚大澤連綿世家墓宅亦產英賢
驪黃之外用綴斯篇

此章言水龍之分幹枝固矣亦有湖蕩
池沼之穴在枝幹之外別為一種既不
可以息漏二道論胎元又豈容專凝龍
目之斷為不發耶此等之地雖不生枝

太員則四週無受穴處及是頑金何慶

矣圓池亦須微微橫瀾乃為金星開口○

池橫處看則成土象直處看則成木象○

於橫處受穴不可從直處立局如一方○

沿只要方員成象平正不欹便可乘栽但宜

一法○池沿顯而易下湖蕩隱而難扦池○

地下穴耳池沿與湖蕩又是兩等不同

立穴之法自有真機不得從散漫慶隨○

亦昔真氣只要元運合時亦發科第但

下手凡池沼立穴須察水之中氣左右

相等平正端嚴而後氣脉涵蓄若立局

偏斜或邊輕邊重穴中即無真照不能

發矣天湖大蕩則葬法又宜精密蓋其

勢散漫雖居中正猶難聚照須去死就

生亦從幹枝之理變化而成但與江河

溪澗之枝幹形象迴別耳假如外蕩濶

大而有一隅內畜小蕩與吸水入口相

似又如外蕩直奔而有一隅稍稍曲入

其間即有砂角關攔外來衆水即於此
駐足即是大蕩為幹小蕩為枝大蕩為
漏道小蕩為息道即是龍胎豈非貴地
若得乘元運又有後蔭塋下立發豈必
以湖蕩為緩局或又有一種地既無內
蓄小蕩又無曲水入口而坐於土圩圍
慶形如半月尒是吉象更借外砂翼護
望其大蕩之水對穴淵渟雖屬流通而
因有外砂便不消散且其立局之所端

蔡照堂傳

嚴秀麗迥與他處不同○移步換形分別妍

醜則衆穴皆賤○一穴獨尊理所必然但

其氣脉不聚難以速効須日積月累穴

中久久氣足而後乃應三吳江楚此等

地局發者甚多○下此等穴須於牝牡驪黃

之外另有一種巧法故特發明此篇使

學者深知妙用○不得概以癡龍忽之耳○

凡墓乘生氣概謂南北東西交媾之氣此篇氣交獨指上下交媾之氣

氣蒸於上言地蒸之交於天在棺之上也

蓋松之地掘至三尺以下土色皆黑其為天陽所不

又可知矣欲取天陽只在土膚一尺之面

楊卧雲曰掘土一尺七八寸着底鋪尾四五寸棺底

約四五寸棺底之上五寸乃蒸交之處以上二三寸

為土膚地蒸至此而薄

營兆篇

陰陽二用妙在氣交天降兩下地浮而高

土膚之上媾精之交噓吸橐籥如春發天

笑彼庸術掘地及泉氣蒸在上枯骨不沾

水潦凝積泛濫及棺天光不照常得陰寒

起塚成山山形寬坦勢若昂昂孤峯巉險

妄作垣墉砂迷水掩舒則冲和囚則難展

墳前起屋壓損明堂陽和晦冥自失晶光

居中仲廢居左長荒若逢右畔季子茫茫

碑碣門亭朝家與制若擾形家以簡為貴〇

玉有微瑕時為大累贅此瑣言以盡大義〇

此章言乾坤之氣一日不交則萬物皆

死不成天地矣天地之妙正在二氣交

會之中〇二氣無處不交天以至陽之氣

下交乎地地以至陰之氣上交乎天一

升一降媾精之處常在土之皮膚觀其

雨露降而草木萌芽此其驗知南方土

氣浮嫩置礦平田累土成墩上吸三光

之和○下引黄泉之氣則陰陽冲和矣庸
術以不入土為不得氣掘地及泉使棺
槨浸潤骨為寒凝之氣所閉陽和之氣
反透於上死者不沾豈能應耶殊不知
氣化周流六虛即懸棺空堂而此地之
吉凶未嘗不應世儘有浮厝而發福者○
不必深入地也古人不封不樹今俗高
墳壠点溷平坦冲夷乃為合格若築地
太高累土聳挨則孤露危險元氣四散○

慕照堂傳

不歸更不可輕築垣墻以隔絕外來秀

氣其垣低平寬大猶為舒展若高峻窄

小則名為囚生氣閉塞屋宇碑亭墓門

等事一有侵逼雖屬小失必有大傷故

盡言如此

楊卧雲曰平洋之地一深即積水故陰

冷而不發余見地美穴正而不福者皆

坐掘深之病可不戒哉

附葬篇

葬法分穴如宅分房房分衰旺穴分苦良〇

先葬就弱後葬就強先葬獲吉後葬蹶張〇

亦有佳城附葬不寧一穴奪氣枝茂本傾〇

保護祖根爷斤勿入貧賤權宜昭穆分立〇

移宮換宿至危之術未觀精微鮮不踣躓〇

方位之法長子當陽宮分生尅尅者無傷〇

立穴之法氣口為先乘元用事九星秉權〇

薰此二法昭穆可言附中真氣必有改更〇

保護祖根八句言附葬之綱〇

方位之法猶云附葬之法蓋專以主穴方位為憑即

下文所云尅者無傷也此此薰主穴而言者也立穴有

法雖附葬亦當用其法此則不薰主穴而言者也

長子當陽訓附穴如可與尅穴異向猶人君南面而

治繼體之義固宜然也明附穴即乘主穴穴前之乘

照附穴腦後之來而必非尅穴所能攔主穴所乘之

煞照實為附穴所能阻故日煞方添葬反榮昌

附穴雖即乘主穴所乘之來然或主穴近後水附

穴近左右水卧已移宮換宿真焦改更不能與主穴

一例焉故仍當用局運立穴之法〇

局運立穴之法為本方位附穴之法為和〇

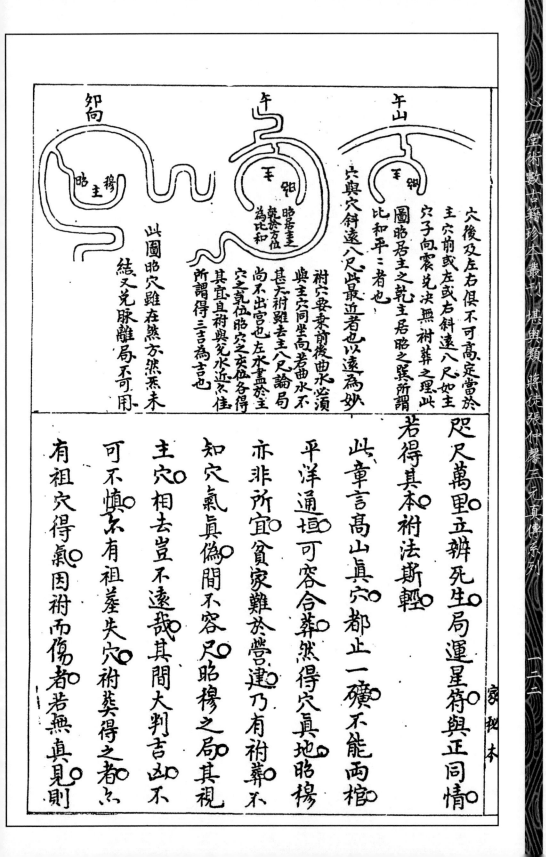

卯向　昭主穆

午山　主　昭居主　乾於方位　為比和

午向　王　昭主

穴後及左右俱不可高定當於
主穴前或左或右斜遠八尺如主
穴子向震兌決無衬葬之理此
圖昭居主之乾主居昭之巽所謂
比和平二者也

只與穴斜遠八尺此最近者也以遠為妙

衬穴要乘前後曲水必須
與主穴同坐高若曲水不
甚大衬雖去主八尺論局
尚不出宮也左水盡於主
穴之氣位昭也右水盡於
穴之氣位昭也左之交位各得
其宜且衬與兌水近尤佳
所謂得三吉為吉也

此圖昭穴雖在兌方然未
結又兌脉離局不可用

尺尺萬里立辨死生〇局運星符與正同情〇

若得其本衬法斯輕〇

此、章言高山真穴〇都止一壙〇不能兩棺〇

平洋通垣可容合葬〇然得穴真地昭穆〇

亦非所宜〇貧家難於營建〇乃有衬葬不

知穴氣真偽〇間不容尺〇昭穆之局其視

主穴相去豈不遠哉〇其間大判吉凶〇不

可不慎焉〇有祖墓失穴衬葬得之者〇亦

有祖穴得氣因衬而傷者〇若無真見則

此圖擬居主之巽所謂比和平二者也照居主之艮
所謂煞方添葬及榮昌者也論局煞而兒以祖穴收
脈為元局必與脈合也擬穴近右水的真鄰脈坎局、
其水頭不盡于巽界清兒至於收脈小口於主為
艮者於擬為丑仍不出宮所謂以對宮輪九星得三
吉為吉也對宮謂祔葬之對宮四面皆對宮就對宮
之水、看祔穴在三吉位則水皆合元矣此雖方位平
平兒不可棄所謂若得其平祔法斯輕也但不可祔
於主穴生方以致奪煞不寧耳照不合元．

祖宗根本之地斷不宜輕加添祔披枝
傷根禍豈一人獨受數祔法有乘來煞
者皆取祖穴本局蓋繼離出治子孫祔
於祖穴繼體之義有由然也如星局與
原宮相尅則吉相生則凶比和平平不
能為福所謂煞方添葬反榮昌此其一
也有論局煞者以祖穴收脈為元以對
宮來情論九星看所祔之位是何方得
三吉為吉．此又其一也二者須薰論然

主穴方位即謂主穴生尅之方位合元為生反元為
尅

物物有太極祔穴斷不可以主穴方位
為憑其立穴亦另有乘燕則另有元運
另有星符乘局向法事事皆變名雖為
祔實與另扦正穴無異當以正法斷之
若正法得宜方位祔法亦屬第二義矣
蓋甚言乘局之不可誤也

家秘本

還元篇

厥初生民男女構精天魂地魄交癸抱壬〇

壹龠母胎百日成形十月胎圓出腹產嬰〇

弦望之數上法天行命盡數終陰潟陽愆〇

魂越泥九魄沉湧泉百體僵仆血凝髓寒〇

亦彌十月海㘞河乾葬埋之法反天入地〇

接續元陽魄陶魂鑄若得佳城死而不死〇

葵乘旬中髓有餘溫葬乘十月骨液未泯〇

地脈灌注枯木復根一期三載葉養枝分〇

此猶不葬朽敗空存雖有佳壞吾獨不仁〇

久久蒸嘘嚴霜乃春若魯山葬體魄成塵〇

敗氣充斥改僞移眞非歷年世瑞應昌臻〇

古之葬禮周孔所作天子七月士庶踰朔〇

暴骨棄屍子道之薄陰陽拘忌下愚不學〇

莫嫌渴葬敢問先覺〇

此章言人家既無吉地須速葬若已得

吉地貴乘初喪急葬接續生氣還元返

本之義以人之懷胎十月胎成故人之

告硎亦十月髓塌死者陽元已外於天
葬得吉地反天氣以入地中如入鑪冶○
魂魄復聚須及其骨液未塒乃可與地
脉流通○如接木須新剪之枝若經宿氣
淺○豈能活耶葬法七日內最佳七七猶
可不可過十月若更遲之一年二年雖
有吉地從何接氣必待葬下久遠枯者
漸滋○而後徐〻蔭應耳若曾於凶地葬
過改扦吉穴前之敗炁充滿骨間精魄

散盡矣○直俟惡煞全消吉煞乃入庸以

歲月計耶今人緩葬亦有數端賢者以

不忍其親難於急葬不賢者又置親於

度外或停棺在堂或權厝別地暴露多

年直同棄屍又庸師瞽術拘忌山向一

家百口年命衝刑此吉彼凶終無葬日○

試觀古禮天子七月而葬諸侯五月大

夫三月士踰月豈皆忍其親者以何

嘗有山向年命之紛紛如後世者耶古

者拘忌少而世道昌隆後世拘忌多而

祿祚短淺甚矣其愚哉愈折衷於古之

先覺可矣。

司馬溫公曰葬者藏也孝子不忍其親

之暴露故斂而藏之送不必厚厚者

有損無益古人論之詳矣今人葬不重

於古而拘於陰陽禁忌則甚焉古人雖

卜宅卜吉蓋謀人事之變然後質諸著

蔡廢無後艱耳無常日也今之葬書乃

考歲月日時之干支○以為子孫貧賤富

貴壽夭賢愚皆繫焉○非此時即不可葬

也○舉世惑而信之○於是葬親者往往久

而不葬○至有終身累世而不葬遂失屍

柩而不知其處者嗚呼可不深嘆愍哉○

楊卧雲

地內之氣陰宅宜乘其凝結地上之氣陽宅宜乘其
衍數

四倚之地四句論水便是論地下文乃重在門

隅

隅　隅

八宅以生炁為貪狼天醫為巨門禍害為祿存六煞
為文昌五鬼為廉貞延年為武曲絕命為破軍伏位
為左輔右弼其吉星止貪巨武輔此地局九星也楊
公借九星以標三元氣運不以星之吉為吉此天元
九星也此篇既已獨遵三元又以司天所頒列男

陽基篇

大輿之理豈惟藏形翳古聖哲建都作京
襟江帶河九野孕靈兆民萃慶百堵事興
維宅之基與墓合符墓氣凝結宅氣衍數
四倚之地廣厦不移宮換步在隅及陽
爰有五幾實惟宗要一地二門三衢四橋
五曰隅空八風自竅獨遵三元微泰九曜
遊年卦例禍福不兆墓氣從地宅氣從門
一門易向榮落轉輪門通大道氣入閭閻

女宮數明其宮男女宜住其宮宅命似不可忽故立
向仍以地局九星為主葢取向臨宅主之天醫生炁
加然此特遊年卦例之頗以之泰年神方位而斷言
凶必天醫生炁臨旺門而後有吉應絕命五鬼臨出
衰門而後有凶應卧其福禍係於九星而實係於
三元○亦可知矣
地符統骨謂宮星四面環之○

前後旁側○分勢均形重門恊吉與路相仍○
轉步衰位○美惡相爭男女居室曰惟大倫○
房闥是主堂階作賓祠廟之宇神靈相憑○
建置不尖人鬼牧寧置宅廣原地符統骨○
比廬則聚單舍恒渙若在都邑無尤水遠○
爰獲沾濡廁功無算深山之宅八國嚴藏○
山形四缺風來集方輨跡所到氣動舒陽○
是為主治餘理則常墓氣及骨宅氣及身○
此如滋條彼如沃根根榮以歲條茂及辰○

風會一本作分會汪云分會謂分大榦之形勢而會於都邑分小枝之形勢而會於市鎮也

墓吉宅凶蕃齒食貧墓凶宅吉殃在後人

墓宅竝吉介福于春能不失馹邁種之英

此章言輿軸之理不惟坟土藏形而已

即古聖王體國經野大而京師小而郡

邑以至村落市鎮莫不有形勢風會焉

其九龍立局之法與墓同符而不無小

異蓋墓燕止取一勺元辰之水而京都

郡邑則取大江大河為局大水在南作

坎大水在北作離大勢衰旺此其樞也

至於各家宅氣又就其所依小水而分

九局且陰地取其結聚陽基取其敷衍

格局有廣狹之異四倚者或前或後或

左或右專依一水也倚一水則局真雖

作廣厦其氣皆不變若陝隔之地掛角

立宅止中宮大勢收氣不雜前後帶收

氣則有改變矣如掛角艮宅西南二方

貼水則前帶左廂近南水屬坎後帶右

廂近西水屬震矣一宅分房便殊衰旺

陰宅氣在地中○止穴內一氣○陽宅氣在
地上○不專以地中之氣為主○惟取門氣○
蓋氣本橫行而無途入宅門戶○一啟氣、
即後門而入○其力與地氣相敵○地氣門
旺○地旺門衰○言凶泰半○須門地旺○然
後可以名諸福也○門地之外又論道路○
直來者作來氣斷○如乾方有路來朝則
宅受乾氣也○橫截者作止氣斷○如坤方
有橫街則宅受艮氣也○朝路比來龍而

城堞與橫路同斷橋梁與朝路同斷

横路比界水所謂三衢四嶠同斷嶠者

隣居高峻處如艮方有高屋則氣被障

斷反從艮方回向我宅黃白氣說所謂

回風反氣自高及下者如高屋多則氣

孛高屋少則氣淺若遠方高屋迢遞而

來漸近漸低歸結到宅氣尤百倍矣隅

空者方隅空缺或在宅外或在宅中能

引八風從空而入最關利害此五幾者

惟以三元之衰旺為廢興而立向則仍

偶見一本云一四同宮准發科名之顯九七共處常
為回祿之憂五黃正煞損人正煞謂代二黑病符多
疾五主孕婦受灾黃遇黑時出寡婦二主宅母多咎
黑逢黃至出鰥夫六會九則長房血症而七九之會
更出八逢四則小口殞身而三八之逢更惡此煞語
論飛宮殆即蔣公所謂逐年卦例也取之以泰元運
之吉凶或有一得其餘論運論方論間錯乱圖書
乗離星卦貽害無窮

以地局九星為主〇然都有不合九星不〇
害其為吉者故曰微乎言不甚重也〇至〇
於遊年卦例止泰值年神煞以斷吉凶〇
之應而巳〇其實禍福不係乎此〇君宅氣〇
旺〇雖絕命五鬼〇何害於吉〇若宅氣衰雖〇
天醫生氣〇何救於凶〇相宅者只將五幾〇
按〇三元以定衰旺〇義盡此矣〇從地從門〇
又申言門之尤重〇蓋地乃一定之物〇不〇
能改移〇門則可隨方而改〇儻有失元之〇

蔡照堂傳

地政一旺門便能起衰得元之地行一

衰門便至減福尺寸之間榮枯頓異不

可不慎也門以通大路者為重蓋氣在

大道中隨人往來一開門便從門入前

門後門旁側便門或吉或凶分遠近大

小動静冷熱而論與廢一宅止一門獨

旺則全美無瑕若諸門皆旺層層遍而入

皆由吉路則諸美畢臻矣若轉入衰路

凶門美惡相争不能歸一亦以長短親

步、從旺方引入閨閫步~字要玩○若門引旺氣而
路有衰脉亦足為累○

跡分別勝負至於宅中○內○門○則○尤○以○房○
門○為○重○蓋○一陰一陽之謂道家宅興廢
在夫婦配合之際生男育女繼祖承祧
皆○原於此宅內○重門○道○路○步~從旺方
引入閨閫更開吉門迎之則五福全收
矣若中堂正屋乃賓客酬酢之所非歸
根復命之鄉○不甚重也古人營室宗廟
為先香火之地須在吉方○人鬼俱寧方
為安宅若在荒村空曠之鄉立宅則五

氣之中。專以地氣為重。與陰宅相似然

猶必比屋聚廬而後可以會合風氣收

攬陽和極小屋必二進三進始有聚蓄

一帶直屋及散布毀椽氣皆渙散地雖

吉不驗也若在城市五幾並重不專以

水為局雖遠水亦有乘旺發福者更能

近水沾染生氣福力非常可比若近水

衰地其禍尤甚與深山之宅八方高敞

水氣輕微但以山形空缺處為風門其

人跡車馬往来之路尤重蓋山國純陰
一有動氣即為陽生能司禍福故山中
之宅專以風路二氣為主治之要其餘
理氣皆屬平常不甚持權也宗段總言
陰陽二宅不可偏廢蓋墓氣從亡者之
骨蔭及生人力深而緩宅氣即在本身
力浮而速朝種暮熟知者固不得以陽
而廢陰亦何可重陰而忽陽也哉

歸厚錄一十八篇終